AF355630

CATALOGUE

D'UNE COLLECTION

DE 60 TABLEAUX

ANCIENS,

DONT PLUSIEURS TRÈS-CAPITAUX,

La plupart de l'Ecole Italienne;

PAR

ALEXIS WÉRY,

PEINTRE-EXPERT.

VENTE DU MARDI 23 MARS 1847.

PARIS,

IMPRIMERIE DE E.-B. DELANCHY,

FAUBOURG MONTMARTRE, 11.

1847.

CATALOGUE

D'UNE COLLECTION

DE 60 TABLEAUX ANCIENS,

DONT PLUSIEURS TRÈS-CAPITAUX,

De l'École Italienne, et quelques-uns des Écoles Flamande et Hollandaise,

Rapportés récemment de Naples par M. SAÏA, Artiste Napolitain,

DONT LA VENTE, AUX ENCHÈRES PUBLIQUES, AURA LIEU

Le Mardi 23 Mars 1847, à une heure,

HOTEL DES VENTES MOBILIÈRES,

RUE DES JEUNEURS, N° 16, SALLE N° 2,

Par le ministère de M° PRESSÉ, Commissaire-Priseur, successeur
de M° BENOU, rue Taranne, N° 11;

Assisté de M. ALEXIS WÉRY, Peintre-Expert,

Chez lesquels se distribue le présent Catalogue.

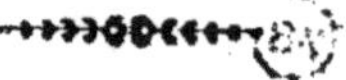

EXPOSITION PUBLIQUE

Les Dimanche 21 et Lundi 22 Mars 1847, de midi à cinq heures.

PARIS,

IMPRIMERIE DE E.-B. DELANCHY,

FAUBOURG MONTMARTRE, 11.

1847.

PRINCIPALES VILLES DE FRANCE ET DE L'ÉTRANGER

OU SE DISTRIBUE LE CATALOGUE.

MM.

A LONDRES. . . .	PHILLIPS, Commissaire-Priseur, New-Bond-Street, 73.
—	ACKERMANN, éditeurs, 96, Strand.
A AMSTERDAM. .	DE LÉLIE, Keysers-Graght, 9.
A ROTTERDAM. .	LAMME.
A BRUXELLES . .	HÉRIS.
A ANVERS.	VERLINDEN, rue Bourse-Anglaise.
A PARIS.	Alexis WÉRY, Peintre-Expert, rue de la Sourdière, 27.
—	PRESSÉ, Commissaire-Priseur, rue Taranne, 11.
—	SAJA, rue Miromesnil, 12.
A LYON, ...	THIERRIAT, Directeur-Conservateur du Musée.
A MARSEILLE. . .	LAZARE, rue de la Darce.

CONDITIONS DE LA VENTE.

La Vente est faite au comptant.

Il sera perçu cinq centimes pour cent en sus des enchères, applicables aux frais généraux de la Vente.

OBSERVATIONS.

La Vente n'étant composée que d'une seule vacation, il n'a pas été nécessaire d'établir un ordre régulier pour la mise sur table, et nous présenterons aux enchères chaque tableau selon l'heure que nous croirons convenir à son importance.

AVANT-PROPOS.

L'aspect des ventes, cette année, est l'indice de la réaction qui s'opère en faveur de l'école italienne; on y rencontre, de cette école, des tableaux de maîtres dans une proportion beaucoup plus grande que les hivers précédents. Cela témoigne évidemment de la rareté toujours croissante des beaux tableaux hollandais, et peut-être plus encore, d'un retour marqué vers la faveur qui avait temporairement abandonné les autres écoles. Pour notre part, nous en félicitons les auteurs de cette noble initiative, ayant toujours compris l'art sous le point de vue le plus large et le moins exclusif. Nous applaudissons à la détermination que vient de prendre M. le maire de la ville de Lyon, en ordonnant l'acquisition, pour son Musée, du beau Carletto Véronèse, qui est resté en vente, exposé pendant plus de dix ans à la mairie des Petits-Pères.

En présence de pareilles manifestations, il est à croire que la collection, dont nous allons donner un sommaire aperçu, trouvera parmi les amateurs de beaux-arts nombre de gens éclairés qui lui feront honneur, et qui ne manqueront pas de profiter d'une de ces rares occasions pour enrichir leurs galeries de quelque chef-d'œuvre.

L'ensemble du cabinet de M. Saïs est composé de tableaux provenant des principales galeries de Naples, celles du prince Belvedere, du duc Maddaloni, et appartenant pour la majeure partie aux écoles italiennes, mais parmi lesquels plusieurs de premier ordre se distinguent. Ces derniers surtout, qui portent avec eux le cachet du pinceau qui les a produits, donnent une haute idée de certains maîtres qu'on n'a que rarement en France l'occasion d'apprécier dans la splendeur de leurs œuvres. Tel est, par exemple, son magnifique Castiglione, dont nous n'avons à Paris que des idées incomplètes par les échantillons peu satisfaisants que nous y voyons de temps à autre. Tels sont ses deux superbes Uzati, représentant des poissons et autres hôtes de la mer, tableaux d'un peintre ignoré de tous ceux qui n'ont pas vu les galeries napolitaines; tels sont ses deux pendants du Josépin, comme on n'en voit nulle part; tels sont enfin ses Salvator et ses Guaspre Poussin, qu'on ne rencontre pareils que dans les galeries princières.

Quant aux peintres qui nous sont plus connus et dont nous

pouvons journellement apprécier les ouvrages, soit au Musée royal, soit chez les amateurs, par la comparaison que notre mémoire nous rend facile de leur mérite avec ceux que nous présentons ici, nous laissons chacun, à cet égard, sous l'empire de ses impressions personnelles, trop modeste pour imposer une opinion catégorique à des gens qui ont vu comme nous, qui du jugement, et au moins notre expérience.

Les maîtres auxquels nous venons de faire allusion sont, par exemple, le Corrège, dont les tableaux de M. Saja, tout beaux qu'ils sont, n'ont, par rapport à ceux du Musée, qu'une importance relative. C'est Raphaël, représenté dans cette vente par deux ouvrages, de manière et d'époque différentes, dont un est une Assomption du Christ, sur agate orientale, fait dans le temps où il abandonnait la manière du Pérugin pour suivre les traces des grands coloristes florentins, et dont l'autre est une grande esquisse préparée un peu en grisaille, composition retraçant littéralement la Déposition de Croix, de la galerie Borghèse à Rome. C'est un Dominiquin et un Guide, qui sont, certes, deux délicieux échantillons de ces grands noms. Deux jolis Luca Giordano, peintre dont les tableaux sont rarement aussi fins et aussi clairs. Le splendide Rubens, dont, il est vrai, ceux du Louvre et d'aucune galerie ne nous donnent l'idée, puisqu'il est essentiellement vénitien de formes, de coloris et d'arrangement. Sa composition offre, aux regards émerveillés, la plus belle réunion de Naïades, de Tritons, de Fleuves, de Rivières, d'autres personnages marins, et, pour complément, les Quatre-Saisons, accompagnant, dans son triomphe, Galathée sur les ondes. Le Guerchin, le Calabrèse, Hontorst, les Carrache, Bonifazio, le Pontorme, Garzi, Spada, Lanfranc, Tiepolo, Romanelli et autres maîtres de cette collection, se voient aussi sans doute au Louvre, mais dans d'autres conditions d'époques, de faire et de couleur.

C'est pourquoi voici un choix d'ouvrages qui ne peut manquer d'être accueilli avec un généreux empressement par les amateurs qui commencent à rappeler leurs proscrits, et c'est avec insistance que nous les engageons à visiter l'exposition de deux jours qui doit précéder la vente les dimanche 21 et lundi 22 mars, au local de la rue des Jeûneurs.

DÉSIGNATION
DES TABLEAUX.

ALLÉGRI (Antonio) ou LE CORRÈGE.

1. — L'Enfant-Jésus assis sur un tertre et portant sa croix.

B , h. 71 c., l. 55 c.

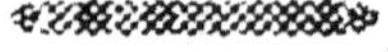

DU MÊME.

2. — L'Éducation de l'Amour. Tête d'enfant vue de profil.

T., h. 32 c., l. 21 c.

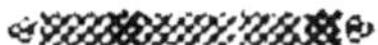

RAPHAEL D'URBIN.

3. — Déposition de croix. Composition restée inachevée et ébauchée en clair.

T., h. 1 m. 78 c., l. 1 m. 75 c.

DU MÊME.

4. — L'Ascension du Christ. Six figures entières. Tableau peint sur agate orientale.

(Forme octogone.) H. 26 c., l. 21 c.

RUBENS (Pierre-Paul).

5. — Galathée sur les eaux.

T., h. 1 m. 76 c., l. 3 m. 14 c.

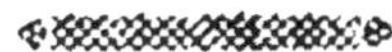

GUIDO RÉNI.

6. — L'Annonciation. Deux figures.

Cuivre, h. 47 c., l. 27 c.

ZAMPIERI (Domenico) ou LE DOMINIQUIN.

7. — Saint Jérôme en méditation dans sa grotte.

T., h. 44 c., l. 35 c.

CASTIGLIONE (Benedetto).

8. — Animaux et oiseaux de diverses espèces dans un paysage.

T., h. 1 m. 50 c., l. 2 m. 15 c.

UZATI (G.-C.).

9. — Poissons de mer et coquillages.

T., h. 2 m. 6 c., l. 2 m. 58 c.

DU MÊME.

10. — Poissons de mer, crustacés et ustensiles de pêche. Pendant du précédent.

T., h. 2 m. 5 c., l. 2 m. 58 c.

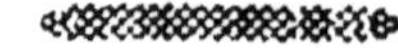

GUASPRE - POUSSIN.

11. — Le matin : paysage et cascade. Les figures par Jean Miel.

T., h. 1 m. 47 c., l. 2 m. 14 c.

DU MÊME.

12. — Le milieu du jour : paysage et animaux. Les figures par Rosa de Tivoli.

T., h. 1 m. 47 c., l. 2 m. 14 c.

DU MÊME.

13. — Le déclin du jour : paysage de grand style. Les figures par Le Valentin.

T., h. 1 m. 47 c., l. 2 m. 14 c.

DU MÊME.

14. — Le soir : paysage historique. Les figures par Nicolas Poussin.

T., h. 1 m. 47 c., l. 2 m. 14 c.

Ces quatre heures du jour font pendant.

DU MÊME.

15. — Paysage et cascade.

T., h. 1 m. 22 c., l. 1 m. 79 c.

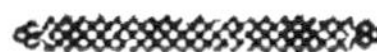

SALVATOR - ROSA.

16. — Combat d'Hercule contre les Amazones.

T., h. 1 m. 94 c., l. 2 m. 92 c.

DU MÊME.

17. — Paysage. Effet du soir.

T., h. 86 c., l. 1 m. 5 c.

DU MÊME.

18. — Paysage et cascade.

T., h. 42 c., l. 31 c.

DU MÊME.

19. — Paysage de style.

T., h. 50 c., l. 74 c.

DU MÊME (ÉCOLE).

20. — Autre paysage et figures.

T., h. 64 c., l. 91 c.

GONZALÈS COQUES.

21. — Portrait en pied de la reine Marie d'Autriche, reine de Hongrie et de Bohême, fille de Philippe, archiduc d'Autriche, roi d'Espagne, et de Jeanne d'Aragon, sœur de Philippe V.

Cuivre, h. 35 c., l. 29 c.

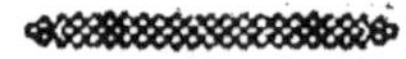

Le Ch^{er} D'ARPINO ou JOSEPIN.

22. — Sujet de l'histoire romaine.

T., h. 1 m. 89 c., l. 2 m. 26 c.

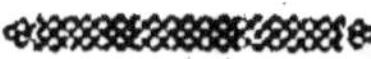

DU MÊME.

23. — Autre sujet de l'histoire romaine. Pendant du précédent.

T., h. 1 m. 89 c., l. 2 m. 26 c.

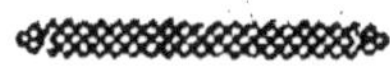

BARBIERI (Francesco) ou LE GUERCHIN.

24. — Sainte Madeleine en prière devant l'image de la mort.

T., h. 1 m., l. 72 c.

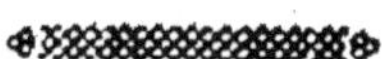

PRETI (Mattia) ou LE CALABRÈSE.

25. — Bethsabée au bain.

T., h. 1 m. 52 c., l. 1 m. 52 c.

RIBERA dit L'ESPAGNOLET.

26. — Suzanne surprise et poursuivie par les vieillards. Trois figures.

B., h. 35 c., l. 50 c.

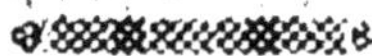

GIORDANO (Luca).

27. — Enlèvement des Sabines.

Cuivre, h. 70 c., l. 92 c.

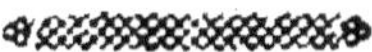

DU MÊME.

28. — Enlèvement de Déjanire. Pendant du précédent.

Cuivre, h. 70 c., l. 92 c.

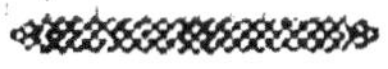

FRANCIA (Francesco) (Attribué à).

29. — La Vierge allaitant l'Enfant-Jésus.

B., h. 73 c., l. 60 c.

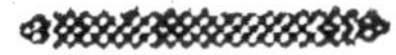

PONTORME (Jacques).

30. — La Vierge, l'Enfant-Jésus et sainte Catherine.

B., h. 57 c., l. 41 c.

CARRACHE (Annibal).

31. — Tête d'expression, d'après une fresque du Corrège.

T., h. 68 c., l. 57 c.

CARRACHE (Augustin).

32. — Sainte-Famille dans un paysage. Cinq figures.

B., h. 30 c., l. 22 c.

CARRACHE (École des).

33. — Le Père-Éternel entouré d'anges dans les nuages.

T., h. 1 m. 62 c., l. 1 m. 76 c.

BONIFAZIO (Venezziano).

34. — La Vierge tenant sur ses genoux l'Enfant-Jésus.

T., h. 80 c., l. 70 c.

BREUGHEL DE VELOURS.

35. — Fruits et fleurs.

T., h. 86 c., l. 95 c.

DU MÊME.

36. — Fruits. Pendant du précédent.

T., h. 80 c., l. 95 c.

ANDRÉ (DE SALERNE).

37. — Tête de saint en extase.

P., h. 41 c., l. 37 c.

BESCHEY ou BISCAYE.

38. — Le couronnement de sainte Rose par l'Enfant-Jésus. Cinq figures.

Cuivre, h. 42 c., l. 34 c.

HONTORST (GÉRARD).

39. — Jeunes gens et courtisanes jouant aux cartes.

T., h. 84 c., l. 1 m. 6 c.

SPADA (LEONELLO).

40. — Sainte Catherine. Buste.

T., h. 76 c., l. 62 c.

LANFRANCO (Le Ch^er).

41. — Saint Pierre les mains jointes. Buste.

T., h. 83 c., l. 66 c.

BOONEN (GASPARD).

42. — Bohémiens italiens faisant bombance dans une cuisine.

T., h. 1 m. 07 c., l. 2 m. 45 c.

PODESTI (Francesco),

Peintre moderne, membre actuel de l'Académie de Saint-Luc,
à Rome.

43. — Bacchante couchée sur une peau de panthère.

T., h. 73 c., l. 93 c.

TIEPOLO (Jean-Baptiste).

44. — Archimède démontrant la géométrie. Trois figures à mi-corps.

T., h. 73 c., l. 56 c.

DU MÊME.

45. — Personnage mahométan payant l'acquisition d'une esclave. Pendant du précédent.

T., h. 73 c., l. 56 c.

BOURGUIGNON.

46. — Bataille des impériaux contre les Turcs.

T., h. 49 c., l. 77 c.

DU MÊME.

47. — Autre bataille entre les mêmes armées, sous les murs de Belgrade. Pendant du précédent.

T., h. 49 c., l. 77 c.

VERDUSSEN.

48. — Paysage et figures : effet d'incendie.

T., h. 34 c., l. 43 c.

DU MÊME.

49. — Autre paysage et figures : effet d'orage. Pendant du précédent.

T., h. 34 c., l. 43 c.

CONSSMAN.

50. — Jésus chez Simon le Pharisien.

T., h. 73 c., l. 98 c.

ROMANELLI.

51. — La Fortune. Copie du Guide.

T., h. 1 m. 60 c., l. 1 m. 27 c.

GARZI (Luigi).

52. — Saint Jérôme en prière devant le crucifix.

T., h. 98 c., l. 76 c.

SARZANA (le) (DE L'ÉCOLE GÉNOISE).

53. — Buste de vieillard.

T., h. 46 c., l. 35 c.

SWANEWELT (HERMAN).

54. — Paysage italique.

T., h. 50 c., l. 74 c.

CAMBIASO ou CANDGIAGE (LUCA).

55. — La Vierge et l'Enfant-Jésus.

T., h. 57 c., l. 44 c.

CERQUOZZI (MICHEL-ANGE).

56. — Paysans italiens à la porte d'une hôtellerie.

T., h. 60 c., l. 73 c.

PAGANO, ÉLÈVE DE SALVATOR.

57. — Paysage italique avec figures.

T., h. 78 c., l. 1 m. 12 c.

ROSA DE TIVOLI.

58. — Paysage avec cascade traversée par un pont.

T., h. 65 c., l. 48 c.

DU MÊME.

59. — Autre paysage et cascade. Pendant du précédent.

T., h. 65 c., l. 48 c.

ÉCOLE FLAMANDE EN ITALIE.

60. — Fruits. Branche de pêcher.

T., h. 65 c., l. 50 c.

Plusieurs TABLEAUX, non catalogués, des diverses écoles et de différents maîtres, seront vendus au commencement de la vacation.

QUATRE BORDURES de glace italiennes, en bois sculpté et doré, d'une grande richesse, seront vendues à la fin de la vente.

www.ingramcontent.com/pod-product-compliance
Lightning Source LLC
LaVergne TN
LVHW011455170726
843501LV00009B/3422